AF239952

Erno Nevalainen

(epä?)Selvät sanat

Runoutta katkeransuloisesta elämästä

Erno Nevalainen

(epä?)Selvät sanat

Runoutta katkeransuloisesta elämästä

© 2021 Erno Nevalainen

Kannen suunnittelu: Erno Nevalainen
Sisuksen taitto: Erno Nevalainen

Kustantaja: BoD – Books on Demand, Helsinki, Suomi
Valmistaja: BoD – Books on Demand, Norderstedt, Saksa

ISBN: 978-952-80-4530-4

Omistettu

Perheelle,
tovereille
ja ystäville.

Vastuuvapaus

Kirjan runouden kerronta on fiktiivistä.
Runoudessa esiintyvät viitteet henkilöihin,
sijainteihin, ajanjaksoihin, näkemyksiin ja
tapahtumiin ovat täysin sattumanvaraisia.

"Petokseni(ko?) mun"

Rakastajani mun,

arvomaailmaani arvostelee.

Miksikö kadun?

Unelmanainen, prinsessasadun.

Fysiikkaa on, muttei kemiaa.

Fantasia silti mielessä vahvasti kutkuaa.

Vaan kotoa löytyis jo vaimo oma,

tästä ajatuksesta ei pidä rakastaja soma.

Vaikenet vain, kun lähestyn

sua sanoin suorin.

"Mitä se sun persettä kutittaa?

Minähän se täällä huorin."

Mut' omatunto järkeä takoi mulle,

kun lopulta sanoa ääneen keksi.

Vaan kuuluu rakkauteen muutakin,

kuin pelkkä seksi.

"Liian(ko?) mukava"

Meillä henkevä oli
keskustelu sillä välin.
"Voisit olla ilkeämpi,
tämä on mun mielipide!".
"Mitä ihmettä?", ajattelin.
Melko erikoinen,
sangen outo toimenpide.
Kaikkesi annat, kiitosta ei saa.
Kilttinä tässä maailmassa
ei tarvitse aina jaksaa.
En silti haluaisi tätä
ajatusmaailmaa ymmärtää.
Vaan elämä on opettanut,
joskus maanpäällä täällä
on vain oltava kusipää.

"Burn out(ko?)"

Kahvin aromi mut
tänäänkin herätti.
Oli aamu sadas,
naapuriakin ihmetytti.
"Mitä ihmettä se yhä
tuolla päivystää?
Pintakuvaansa se
tietysti täydentää."
On se nyt perkele kumma,
kun äijän tilillä
näkyy pelkkä velkasumma.
Vaan minkäs sille
maailmassa tässä mahtaa?
Jossain kohti täs varmasti
vahvinkin pamahtaa.

"Neitsyt(kö?)"

Kauniiksi kukkinut suhteemme

oli jo lämpimän kesälaidun.

Miksipä sitä teiltä peittäisin?

Seksitreffeillehän mä tässä valmistaudun.

Eka kerta niin hemmetisti jännittää.
Miten tässä voisi kokonaisuutemme linkittää?

Hiki nousee pinnalle ja ehkäisykin uupuu.

Kokemattomalla penetraatiossa

paikatkin puutuu.

Mut sinisilmäiseksi ystäväni haukkuivat.

Tuuheaksi kasvaneet olivat

kirjoittaneen häpykarvat.

Huudettiin mulle neuvot nämä:

"Ehostaudu nyt vähän!",

"Herää maailmaan tähän!"

"Kohtaloa(ko?)"

Sinä iltana kotoa tahtonut poistua en,

ystävällenikin jo jaoin kielteisen vastauksen.

En kanssas tanssiaisiin mä lähde,

liikaa energiaa työviikko vienyt.

Ymmärtänet kai sen viimeistään nyt?

Vaan tietää mä saan,

kuinka ihastus suuri

onkin etkoiltansa bileisiin menossa juuri.

Mieleni on ailahteleva,

jospa sittenkin

menojalka olisi vipatteleva.

Suuressa joukossa mä

tapaan sut viimeinkin.

Olet ihanan tavallinen,

mutta silti kaikista mysteerisin.

Hetken jutellaan, sitten tanssitaan.

Sä suutelet mua,

ja mä ajattelen:

"Tämä on kuin satua."

"Suru loputon(ko?)"

Sä olit pitkään sairas.,
tiesin lopun lähestyvän.
Koiran elämä on
ihmisen kertaa seitsemän.
''Koetahan toipua reippaasti,
ei kenelläkään ole mitään hätää,
eikä varsinkaan koiralla!'',
kehtasi eräs lohduttaja sanoa.
Päin näköä iskua teki mieleni latoa.
Elämäni vaikein asia,
ei monikaan sitä uskoisi.
Vaan vielä tähän päiväänkin
mennessä se mua väkisinkin masentaisi.
Sä et ollut vain koirani.
Sä olit mun paras ystävä, mun kaikkeni.
Sä olit mun lapseni, mun kasvattini.
Itken mä edelleen,
yhdeksän vuotta uudelleen.

"–nnä(???)"

Se oli huumaa kyllä täynnä.

Ei muut tätä ymmärtäneet ensinnä.

Antoi suudelmien sataa ja mennä.

Herätti oudoksuntaa, muuta ynnä.

Se taivaallista oli lähinnä.

Tuntui ajatus suhteesta olevan jännä.

Vaan rustasi kauniit sille sanat pännä.

Kaikista kaunein oli kuitenkin sisinnä.

"Arvomaailma(ko?)"

Lapsuus viaton,
aina ajatuksissani täysin verraton.
Kasvoin perheessä uusissa.
Ei koskaan perinteistä,
mutta sitäkin suuremmissa sidoksissa.
En muista aikaa
isän ja äidin yhteiselosta.
Ehkä en haluaisi edes
muistoja vastaavasta umpisokkelosta.
Perheeseen kuulunut on uusia
ja menneitä sukulaisia puolikkaita.
En ehkä siksi osaa yrityksistä
huolimatta olla kovinkaan itsekäs ja saita.
Elämä ollut on hyvää ja opettavaista.
Ymmärrän, ettei kaikki
ole pysyvää, vaan myös katoavaista.
Kiitos perheelleni elämän opista,
rikkauksista suuremmoisista.

"Vallankäyttö(kö?)"

Suhteemme kauneimmillaankin
vähintäänkin värikäs.
Molemmilla käsityksemme,
usein hyvinkin kärkäs.
Kunnioitan taitoasi hoitaa,
mutten kykyäsi sosiaalisuuteen.
Se johti monen muunkin mielen usein
synkkään vainoharhaisuuteen.
"Ei se osaa, ei se saa aikaan mitään",
sanat nämä mä kyliltä kuulen.
"En mä pahalla tarkoittanut sillä."
Ettäs kehtaat valehdella
mulle päin näköä tälla!

"Menetyksen pelko(ko?)"

Tieto tilastasi, kamala shokki.

En olemaan valmis ollut

loppuelämäsi neuvokki.

Mut kylmäs maailmas

kosketus sun oli

niin lämmin.

En olla saa itsekäs!

Mitä turhaan sun kanssa mä tässä

siis emmin.

Susta niin olen ylpeä,

aina olet ollut yhtä ymmärtävä

ja hilpeä.

Vaan rakkaus suuri koetukselle joutui.

Rutiinitarkastuksessa ikävää

jotain sittenkin sattui.

Minulle kerrottiin, kohtalo erityinen.

Sillä diagnoosilla mitä mä teen?

Sydämessäni aina tiennyt,

sä olet ainutlaatuinen.

"Ensisilmäys(kö?)"

En uskonut olisi ihastuvani.

Olinhan työnarkomaani.

Ei aikaa ole mulla sellaiseen,

johan tässä menoa on kerrakseen.

En silti sille mitään mä voi.

Amor kai nämä tuntemukset tänne toi.

Persoona kaunis ja mikä upea keho!

Sanoissasi mahtava on rakkauden teho.

Hämmentävät ovat yhtäkkiset haluni.

Ei tämä todellakaan ollut pelkkä toiveuni.

"Auta(tko?) minua?"

Patoutunut viha,
kuin kireä paidanhiha.
Loputon murjotus,
kuin intensiivinen tuijotus.
On mieleni epäterve,
kuin margariinipaketti.
Tunteeni vähintäänkin vahvat,
kuin jäätävän kylmä helvetti.

"Toispuoleinen rakkaus(ko?)"

Platonisuus,

kuin kaksipäinen miekka.

Sen tunnelataus on nopeampi,

kuin juoksuhiekka.

Parhaita olimme ystäviä,

erottamattomia niin.

Hitto, meidät vaikka pappi

voinut olis vihkiä siis.

Elämä tuli vain tielle.

Jätti ystävyyden lyhyelle.

Sä kauniin perustit perheen,

mä jäin jämähdin, jälkeen.

Sulle katkera olin vuosia,

enää jaksa negaatioita suosia.

Toivon sulle kaikkea hyvää,

mitä kohtalo sulle myöntää.

"Jäähyväiset(kö?)"

Tapasimme ensimmäisen kerran,
tulit mun iholle.
Epäsuomalaisen ekstrovertti,
puheripulin voimin tuuliajolle.
Mä kanssas laskin kymmeneen,
vaan todetakseni anteeks ääneen.
Mut' mä lopulta huomasin
sussa sisäisen kauneuden,
mitä ymmärtää voi jälkikäteen haikeuden.
Susta tuli turva ja tuki,
myös aito ystävä.
Vaan auta armias, mua ärsytti,
kun niin olit kaikkitietävä.
Oikeassa usein sä silti kieltämättä olit.
Tuskin kanssas' muuten säilyisi puhevälit.
Aikasi olit sä vaikuttaja,
ehdottomasti paras elämäni opettaja.
Syvästi kaivaten, kunnioittaen samaten.

"Hyväksyntä(kö)?"

Rakastelimme hotellissa keväällä
vuonna neljätoista.
Ei ollut suunniteltua, se tapahtui,
mitäs me noista.
Melkoista euforiaa, se oli tosi, ehkä jotain
kaunistakin se aikansa tovi.
Ei meistä paria tullut,
mutta jotain parempaa.
Vielä tänäänkin sua muistelen,
tosin entistä kauempaa.
Erityinen paikka sydämessäni on sulla.
''Arvostan, sinulla myös!'',
sinä vastasit kakskytyks kesken työs.
Yhteinen elämä
ei ollut katkeamaton.
Rakkaus täysin ole ei mutkaton.

"Avioero(ko?)"

Hemmetti soikoon, se taasko loukkaantu.

On se saamari yhdenlainen haaskalintu.

Aina kiillottamassa kruunuansa

on tämän surkea draama,

vaikka pintakuvana paistaakin

filtteröity panoraama.

Hermostut ja petyt jatkuvasti.

Johtuvan luulen siitä,

suhtaudun toiveihisi,

oletuksiisi torjuvasti.

Pahoillani olen, todella

koet tilanteen näin.

Emme fantasioistasi poiketen,

todellisuudessa kulje enää

sielunsisarina kädekkäin.

"Kauniit muistot(ko?)"

Muistan hymysi, äänesi,

persoonan kaikin puolin valloittavan.

Kanssas sun keskustelua tuli jaettua,

joskus jopa kilvan.

Ymmärsit mua, toit ikuista turvaa, vaikka
huumorintajusi oli

makuuni vähän liian kuivaa.

Sä toit onnea ja lämpöä,

menit minne vaan.

Sua hehkutti moni mulle

persoonaasi,

kotitalouttasi kaikkiaan.

Se kaunista on, jopa lohduttavaa.

Enkeli pilvilinnoihin nyt

ikuisia muistoja salvaa.

"Elämänkoulu(ko?)"

Tiesin arvoni, korostin tätä.

Se kostautui. Kadun edelleen sitä.

Maineeni pilattu,

syytän vain itseäni.

En tajunnut katseesi sun

olevan todellinen hälyääni.

Sua tahattomasti loukkasin,

sä halusit kostaa.

Niitä velkoja mä sain

korkojen kera maksaa.

Olen persoona suuri,

mutta kasvina vielä

täysin lehdetön juuri.

Puhumalla paskaa,

teit palveluksen.

Luottamuksen opin rajaamaan,

sanomisiani seuraamaan.

"Ihastus(ko?)"

Vahvuutesi sun huomasin mä heti.
Et tilasteesta kuitenkaan ollut ääneti.
Suuri ja mahtava on
loputon energiamäärä.
Pienestä pitäen tainut
olla melkoisen pikkunäppärä.
Sun intoa vahvasti ihailen,
luonnetta havainnoin vähitellen.
Määrätietoisuudestasi tyytyväinen oon,
pistät itsesi aina täysillä likoon.
Mielipiteesi vahvat joitakin joskus ärsyttää,
mutta hei,
kokonaisuushan tilannetta tätä lopulla
kuitenkin ryhmittää.

"Narsismi(ko?)"

Kanssas hetki ainutlaatuinen,

lämmin ilta heinäkuinen.

Mua suutelit, pistit kalterit.

Sua kutsui täysin muut kinkerit.

Oli eroa puolitoista vuotta.

Tarinalle toivoin mä päätöstä toista.

Joulukuussa tapasimme, makasimme.

Näytti, muuttunut olit paremmaksi.

Mitä vielä, ehkäpä katalammaksi.

Baarissa mua helmikuussa suutelit,

heilui melkein pois päälle puetut henkselit.

Pyysit mua kanssasi Viitakoskelle, vaan en
uskaltanut enää päästää sua liiaksi lähelle.

"Painu sit vittuun täältä!", mulle huusit.

Usko pois, mä hyväksyn

nämä ikuiset lähtöpassit.

Loppu(ko?)

Erno Nevalainen

Runokirjan kirjoittanut Erno Nevalainen
(synt. 26.12.1988) on Tampereella asuva,
kemiläislähtöinen amatöörikirjailija, jonka
aikaisempi kirjallinen tuotos on lastenkirja
"Kultakala nimeltä Arttu

ja Mäntylän metsäkylä".

Nevalainen on koulutukseltaan

sosionomi ylempi AMK ja ylioppilas.